AF315907

A NOSSEIGNEURS DE PARLEMENT,
EN LA GRAND'-CHAMBRE.

SUPPLIE HUMBLEMENT SAMUEL DE CARDONVILLE, Marchand Passementier à Paris, & Marchand Bonnetier, Fabriquant de Bas, suivant l'Institution de l'Hôpital de la Trinité : DISANT, qu'il se propose différens objets par la présente Requête.

Le premier, de développer un nombre infini de contradictions qui se trouvent dans les Réponses des Parties adverses, sur les faits & articles sur lesquels le Suppliant les a fait interroger en la Cour ; de démontrer le peu de vérité de la plûpart des autres Réponses ; & , sur cette double opération, tirer les conséquences qui résultent naturellement, & de ces contradictions, & des Réponses qui ne sont pas conformes à la vérité.

Le second, de produire, par production nouvelle, cinq Bas de Soye, pour faire voir, par la comparaison des différentes qualitez de ces Bas avec les Reglemens au sujet de cette Fabrique, les abus dont le bien public demande la réformation.

Le troisiéme, de prendre différens chefs de conclusions relatives aux incidens survenus depuis les premieres prises par le Suppliant.

Pour remplir le premier objet, le Suppliant se croit obligé de mettre sous les yeux de la Cour, d'un côté, les faits & articles ; de l'autre, les différentes réponses des trois Parties assignées, & au dessous, sa réplique à chacune des réponses. Cette forme a paru la plus propre, pour éviter la confusion, & mettre la Cour plus en état de comparer le fait, la réponse & la réplique.

ARTICLE I.

Enquis, s'il n'est par vray qu'ils ont connoissance que plusieurs personnes de leur Corps, non-contens de répandre une infinité de calomnies contre Cardonville, afin de lui ôter, s'il étoit possible, la confiance qu'on peut avoir dans sa personne ; ont encore dit, qu'il y a, dans le Corps de la Bonneterie, trente Marchands, au moins, qui sont en état de dépenser chacun mille Ecus, pour ruiner totalement Cardonville, & pour le persécuter jusqu'à la mort.

GIRAUDY a dit, que non.
BODET a répondu, que non.
GODIER, au nom du Corps de la Bonneterie, a répondu, qu'ils n'ont aucune connoissance du contenu en icelui.

REPLIQUE.

Aucun des Répondans ne veut convenir de ce fait : Il est cependant exactement vrai ; & le Sieur Giraudy en a plus de connoissance que personne, lui qui vient de manifester sa mauvaise volonté à l'égard du Suppliant, par un procès des plus bizares, qu'il lui a intenté à la Police, pour l'obliger à renvoyer un prétendu Ouvrier que le Suppliant n'a jamais, ni employé, ni connu. Il est vrai que le Sieur Giraudy n'a pas eû la satisfaction de receüillir le fruit de son mauvais dessein, puisqu'il a été débouté de sa demande par Sentence de Police.

ARTICLE II.

S'il n'est pas vrai que les cinquante-huit paires de Bas qu'ils ont saisies sur Cardonville, sont fabriquez avec une size, ou grosseur de Soye, qui contient, au moins, huit brins.

GIRAUDY a dit n'en avoir connoissance.
BODET a dit n'en rien sçavoir.
GODIER a répondu, que les Experts en feront leur raport lors de la visite.

ARTICLE III.

S'il n'est pas vrai, que les Soyes dont ces Bas sont fabriquées, sont suffisament cuites.

REPLIQUE.

Comment les Répondans ont-ils pû affirmer, qu'ils n'ont pas connoissance de ces deux faits, après avoir dit, contre la verité, dans leurs Ecritures, qui sont sous les yeux de la Cour : 1°. Que la plûpart des Bas saisis chez le Suppliant, sont fabriquez avec une fize, ou groffeur qui ne contient pas le nombre de huit brins , préfcrit par le Reglement. 2°. Que les Soyes dont ces Bas font fabriquez ne font pas fuffifament cuites. Leur Mémoire les a mal fervi en cet endroit ; & la contradiction qui fe trouve entre leur réponfe , & ce qu'ils ont dit précédemment dans leurs Ecritures , ne fait pas l'éloge de leur bonne foi.

ARTICLE IV.

S'il n'eft pas vrai, que le défaut de cuiffon , dans les Soyes blanches & grifes, eft vifible.

GIRAUDY

a répondu , que le défaut de cuiffon , dans les Soyes blanches & grifes, eft vifible au maniement.

BODET

a répondu , qu'il faut manier & mettre en œuvre les Soyes , pour en connoître la cuiffon.

GODIER

a répondu , qu'il eft difficile de connoître le défaut des Soyes à la vûë , mais au maniement.

ARTICLE V.

S'il n'eft pas vrai , que les *Soyes* teintes , faifies fur Cardonville, font toutes blanches & grifes.

GIRAUDY

a dit , n'en rien fçavoir.

BODET

a dit , n'en rien fçavoir.

GODIER

a répondu , que le Procès-verbal en doit faire mention

ARTICLE VI.

S'il n'eft pas vrai , que le prétendu défaut de cuiffon des Soyes faifies fur Cardonville , ne fe connoît pas à la vûë ; & fur quel principe ils fe fondent , pour dire , que fes Soyes ne font pas fuffifament cuites.

GIRAUDY

a dit , que le défaut de cuiffon des Soyes dont eft queftion , ne fe peut connoître , qu'au maniement, ou à l'emploi ; a dit , n'avoir connoiffance du furplus en l'article , n'étant pas en place , lorfque la faifie a été faite.

BODET

a répondu , qu'il faut manier, & mettre en œuvre les Soyes , pour en connoître la cuiffon.

GODIER

a répondu , que les Maîtres & Gardes , qui ont fait faire la Saifie , ont trouvé le défaut de cuiffon des Soyes , foit en les voyant , foit en les maniant.

REPLIQUE.

Les Répondans veulent continuer à manifefter leur mauvaife foi , par la contradiction qui fe trouve, entre leurs réponfes , & ce qu'ils ont dit précédemment dans leurs Ecritures ; où ils accufent le Suppliant de vouloir tromper le Public , par le défaut de cuiffon de fes Soyes. Ils ne fçavent pas bien fûrement à quoi on peut connoître le défaut de cuiffon des Soyes ; ou , s'ils le fçavent , ils ont éludé de le déclarer , de peur , qu'en faifant l'application de leur déclaration , aux Soyes & Bas faifis fur le Suppliant , on ne reconnût que fes Soyes n'ont pas le défaut de cuiffon qui leur a été imputé à tort , & contre la connoiffance des adverfaires du Suppliant.

ARTICLE VII.

S'il n'eft pas vrai , qu'ils ne font pas obferver exactement les Reglemens ; & que la perfection , & le progrès de la Fabrique de Bas de Soye , enfemble le goût & le bien public , ont fait forcément tomber les articles du Reglement qui fixent le poids des Bas à ufage d'homme , à quatre onces , au moins , & qui ordonnent auffi , que les Soyes deftinées pour la Fabrique des Bas feront plates.

GIRAUDY

a répondu , qu'ils font obferver exactement les Reglemens, & que la Soye deftinée pour la Fabrique des Bas doit être plate dans fon efpece ; & que le poids ordinaire , à ufage d'homme , doit être à quatre onces , au moins , Bas à rouler.

BODET

a répondu , qu'un Bas à homme doit péfer cinq onces, & qu'ils ont attention de faire obferver les Reglemens aufquels Cardonville ne s'eft pas conformé , ce qui lui a attiré la Saifie qu'on lui a faite.

GODIER

a répondu , que non ; & que toutes les Inftances qui font devant les Magiftrats prouvent évidemment l'attention que les Gardes ont à faire obferver les Reglemens.

ARTICLE VIII.

S'il n'eft pas vrai , que ces articles du Reglement fe trouvent entierement abolis par l'ufage fuivi par la plus grande partie des Marchands-Fabriquans de Bas , qui font forcez de s'en écarter , pour procurer la beauté & le bon ufage aux Bas de Soye.

GIRAUDY

a répondu , que non.

BODET

a répondu , que non.

GODIER

a répondu , que la beauté & la perfection des Bas , ne provient que de l'exécution des Reglemens , bien loin d'y déroger.

REPLIQUE.

Le Suppliant a plufieurs répliques à fournir contre ces réponfes.
1°. Elles impliquent une contradiction marquée , avec les réponfes aux articles 9 , 13 & 19.

2°. Elles ne sont pas véritables, sauf respect ; & les Répondans en conviennent eux-mêmes dans la plûpart de leurs réponses, & singulierement dans celle sur les articles 15, 19, 22 & 23, dans lesquelles, on voit qu'ils ne font pas observer exactement les articles du Reglement qui ordonnent que les Bas destinez pour être mis & usez en noir, seront fabriquez de Soye blanche, & teints en noir au sortir de dessus le Métier ; qui fixent le poids des Bas à usage d'homme à quatre onces, au moins ; & qui ordonnent que les Soyes destinées pour la Fabrique des Bas, seront plates & nerveuses, pour qu'elles remplissent la maille.

ARTICLE IX.

S'il n'est pas vrai, que les Bas de Soye fins ne peuvent faire un bon usage, que lorsqu'ils sont fabriquez avec des Soyes organcinées, ou torses, brin à brin, au même point du filage de l'organcin, ce qui paroît être opposé à la Lettre du Reglement, qui ordonne que les Soyes seront plates.

GIRAUDY

a dit, que les Bas de Soye fins peuvent être faits d'Organcin, de Trêmes, ou d'autres Soyes propres pour la Fabrique, ayant les tors ordinaires, & la qualité requise.

BODET

a répondu, que les Bas de Soye fins font toûjours un bon usage, lorsqu'ils sont fabriquez sur un Métier à proportion de leur finesse, avec des Soyes organcinées, qui, après la cuisson, sont ordinairement plates.

GODIER

a répondu, que, suivant l'art. V. du Reglement de 1700, les Soyes destinées pour la Fabrique des Bas & autres ouvrages de Bonneterie, doivent être débouïllies dans le Savon, bien teintes & déséchées, nettes & sans bourre doublée, & suffisamment adoucies, plates & nerveuses, en sorte qu'elles remplissent la maille, dont le tort & retort est vicieux, & contraire audit Reglement.

RÉPLIQUE.

Malgré le contraste qui se trouve dans ces réponses, on y découvre la verité ; en effet si on consulte la réponse du sieur Giraudy, on voit qu'il détruit celle qu'il a faite sur les articles 7 & 8, où il dit que la soye doit être platte, il ajoûte sur le present article qu'on peut fabriquer des bas de soye fins avec des soyes organcin & autres qualitez, dont le prix peut differer suivant ses réponses aux articles 17. 18. 20. 21. 22. & 23. jusqu'à 22 sols par once, quoique les autres répondans ne soient pas d'accord avec lui sur ce point, principalement le sieur Godier ; lequel dans ses réponses aux articles 20 & 21, pousse cette difference jusqu'à 42 sols par once. Si on en croit le Sr Bodet, une soye organcin devient platte après la cuisson ; si on ajoûte foy à ce que dit le Sr Godier, le tors & retors est non-seulement contraire au Reglement, mais encore vicieux aux soyes, à quoi il ajoûte & convient dans sa réponse sur l'article 21, que la soye organcin est la plus parfaite de toutes celles qui s'employent dans la fabrique de Bas.

OBSERVATIONS.

Le Supliant ne craint point d'affirmer, 1°. que la Soye ne prend le nom d'organcin qu'après avoir reçû un très fort tors & un très fort retors. 2°. Qu'il est impossible que la Soye organcin puisse devenir platte après la cuisson ; ce qui prouve démonstrativement que l'article 5 du Reglement de 1700. se trouve aboli par ceux des fabriquans qui font fabriquer des bas avec des soyes superfin organcin.

Si le tors & retors aux soyes est vicieux & qu'il ne contribuë pas à la beauté & à la bonté des ouvrages ; il faut que le Fabriquant qui fabrique des Bas avec des soyes superfin organcin, soit bien peu attaché à son interêt, parce qu'il paye cette soye 4 liv. l'once. Si on en croit ce que dit le sieur Godier dans sa réponse sur l'article 21, & qu'il ne payeroit une autre soye plus conforme à la lettre du Reglement, que 28. sols l'once, ainsi que le Sr Giraudy en convient dans sa réponse sur l'article 18. ce qui forme une difference de 52 sols par once, & fait voir en même tems à quel degré suprême le public peut être trompé.

ARTICLE X.

S'il n'est pas vrai, que les Bas de Soye fins seroient beaucoup plus beaux, plus parfaits, & d'un meilleur usage, s'ils étoient fabriquez sur des Métiers montez de Plomb, à deux éguilles, en supposant ces Métiers du même dégré de finesse de ceux montez de plomb à trois éguilles dont parle le Reglement.

GIRAUDY

a répondu, qu'il n'y a point de différence du métier monté à deux, ou trois éguilles, pourvû qu'il ne soit pas au-dessous d'un 22 à trois éguilles ; & qu'à l'égard du Métier à deux éguilles à faire de la Soye, il n'a jamais été fixé de les faire du Jauge que l'on veut, au-dessus du 22 à trois éguilles.

BODET

a dit, que non.

GODIER

a répondu, que non ; & que suivant la proposition du Sieur Cardonville, il paroît qu'il n'a jamais fait Aprentissage, & sçû ce que c'est que la Fabrique de Bas, ni connû rien au Métier, la chose étant impossible.

RÉPLIQUES.

Le contraste qui se trouve dans ces réponses & dans celles sur l'article 13, n'est pas une preuve de la ſcience des répondans ; en effet le ſieur Giraudy ne fait point ici de différence d'un Bas fabriqué ſur un Métier monté de plomb à trois éguilles, avec celui fabriqué ſur un Métier monté de plomb à deux éguilles, à quoi il ajoûte dans ſa réponſe ſur l'article 13. que les Métiers montez de plombs à deux éguilles, doivent être permis. Le ſieur Bodet dit le contraire dans ſa réponſe ſur l'article 13. Le Sr Godier a-t'il réfléchi qu'en diſant la choſe impoſſible, & accuſant le Supliant d'ignorance, il fait ſous-entendre que le ſieur Giraudy n'eſt pas plus éclairé que le Supliant, qui ne peut ſe diſpenſer de dire qu'il faut que les répondans ſoient bien peu inſtruits eux-mêmes, vû qu'ils n'ont pas connoiſſance d'une fabrique de Bas de ſoye, qui n'eſt ſuperieure à celle de Paris que parce que les Bas ſont fabriquez ſur des Métiers montez de plomb à deux éguilles.

Le Supliant ne craint point d'aſſurer que la ſeule difficulté qui naîtroit des bas de ſoye fabriquez ſur des Métiers montez de plombs à deux éguilles, eſt qu'on ſeroit obligé de payer pour la façon des bas ordinaires 50 ſols par paire de bas à homme, au lieu de 35 ſols qu'on paye pour la façon deſdits bas, fabriquez ſur des Métiers ordinaires montez de plombs à trois éguilles ; mais le public ſe trouveroit doublement dédommagé en payant vingt ſols de plus pour une paire de bas fabriquez ſur un Métier monté de plombs à deux éguilles, par la beauté & le bon-uſage de ces bas.

ARTICLE XI.

S'il n'eſt pas vrai, qu'ils ne peuvent nier en leur ame & conſcience, que la nouvelle méthode dont Cardonville ſe ſert, pour cuire & préparer ſes Soyes, le tout ainſi que le Sieur Giraudy, Répondant, le Sieur Riquet, & autres Maîtres & Marchands les plus éclairez du Corps de la Bonneterie, l'ont examiné, en préſence de Meſſieurs les Députez du Commerce, eſt la plus parfaite de toutes celles connûës juſqu'à préſent ; & que c'eſt contre leurs lumieres & connoiſſance, que le Sieur Giraudy, Répondant, & autres, ont blâmé, ſans diſtinction, tous les genres de travail que Cardonville leur a fait voir, en préſence de Meſſieurs les Députez du Commerce.

GIRAUDY a dit, que la Méthode dont Cardonville ſe ſert pour cuire & mouliner ſes Soyes, ne vaut rien, & ne ſert qu'à cacher la fraude qui eſt dans la matiére, & mêler le fleuret avec la ſoye.

BODET a répondu, que non.

GODIER a répondu, que non ; & que cette méthode eſt contraire au Reglement, & même à l'intérêt public.

ARTICLE XII.

S'il n'eſt pas vray, qu'ils ne ſçauroient nier en leur ame & conſcience, que les diférens tors & retors que Cardonville donne aux ſoyes dont il fait fabriquer ſes bas, procure aux bas qui en ſont fabriquez, un uſage ſupérieur à celui des bas qui ſont fabriquez avec des Soyes qui ne ſont pas torſes brin à brin, & qui n'ont pas reçû ces différens tors & retors.

GIRAUDY a répondu, que la maniére dont Cardonville fabrique, eſt contraire au Reglement, préjudiciable à la Fabrique, & oblige les Ouvriers à mettre de l'huile dans la ſoye, pour pouvoir l'employer.

BODET a répondu, que non.

GODIER a répondu, que les différens tors & retors ſont contraires à la diſpoſition du Reglement, comme il eſt dit en l'article 9, ci-deſſus.

REPLIQUE.

Les Répondans conviennent dans leurs réponſes ſur les faits & articles 19, 20 & 21. qu'on peut employer dans la fabrique de bas, des ſoyes dites organcin, dites trêmes, & dites poil, ce qui favoriſe le Supliant au point de juſtifier avec évidence & ſans pouvoir être contredit, que la nouvelle méthode dont il ſe ſert pour préparer la ſoye dont il fait fabriquer ſes bas, ne peut être rejettée, ſans avoir préalablement rejetté l'emploi des ſoyes dites organcin, qui ont reçû un très fort tors & un très-fort retors, où l'emploi des ſoyes dites trêmes & dites poil qui n'ont reçû qu'un très leger tors.

1°. Le Supliant tors ſa ſoye brin à brin au même degré du tors de celui qu'on donne aux ſoyes dites trêmes & dites poil, lequel tors eſt beaucoup moins fort que le premier tors que l'on donne aux ſoyes dites organcin, qu'on qualifie de filage. 2°. Il double cette ſoye en 5, 6, 7 ou 8 brins, plus ou moins, ſuivant la fineſſe de la ſoye. 3°. Ce doublage étant fait il tors cette groſſeur d'un tors beaucoup moins fort que celui qu'on donne aux ſoyes dites trêmes & dites poil ; conſéquemment ce ſecond tors eſt très-éloigné d'être auſſi fort que celui du ſecond tors qu'on donne pour former la ſoye dite organcin. 4°. Il cuit cette ſoye & tors enſemble d'un très leger tors deux de ces groſſeurs, pour faire la groſſeur dont la maille eſt formée ; conſequemment on ne peut exclure de la fabrique de bas, la ſoye préparée ſuivant cette nouvelle méthode, ſans préalablement en avoir exclu la ſoye dite organcin, ou la ſoye dite trême, ou ſa ſoye dite poil ; parce que la ſoye organcin reçoit un très-fort tors & un très-fort retors beaucoup plus fort que celui que le Supliant donne à la ſoye préparée ſuivant ſa nouvelle méthode, & que le foible tors des ſoyes dites trêmes & dites poil, eſt beaucoup plus leger que le tors que le Supliant donne à ſes ſoyes. Conſequemment ce dernier tort doit être conſideré & tenir le milieu entre le tors de la ſoye dite organcin & le tors de la ſoye dite trême & dite poil.

ART.

ARTICLE XIII.

S'il n'eſt pas vrai, qu'il s'enſuit de ces ſix derniers articles, qu'il doit être permis : 1°. De fabriquer des bas de ſoye, à uſage d'homme, d'un poids au-deſſous de quatre onces. 2°. De faire fabriquer des bas de ſoye ſur des Métiers montez de Plombs à deux éguilles. 3°. De faire fabriquer des bas avec des ſoyes préparées ſuivant la nouvelle méthode dont Cardonville ſe ſert, & auſſi avec des ſoyes qui auront été torſes une, ou pluſieurs fois, & même avec des ſoyes organcinées ; attendu que l'objet de tous les Reglemens, eſt d'empêcher le relâchement, & non pas la perfection ; & que jamais les Reglemens n'ont été interprétez d'une autre maniere.

GIRAUDY

a répondu ſur le premier deſdits articles, qu'oüi, pourvû que ce ſoit ſur des Métiers fins. Sur le deuzième, que oüi, pourvû que le métier ne ſoit pas au-deſſous du jauge 22 à trois éguilles, comme il eſt ordonné par le Reglement. Sur le troiſiéme, non.

BODET

a répondu, que, dans les bas très-fins à uſage d'homme, il eſt permis d'en faire au-deſſous du poids de quatre onces : Qu'au ſurplus, non.

GODIER

a répondu, que non, l'article trois du même Reglement de 1700, portant expreſſément, que les bas de ſoye, & autres ouvrages auſſi de ſoye au métier, ne pourront être faits que ſur des métiers à trois éguilles chaque plomb ; & que les différens tors & retors ſont toûjours vicieux, & contraires à la bonne Fabrique, parce que les ſoyes doivent être plates, & nerveuſes.

REPLIQUE.

Il eſt étonnant que trois Gardes en charge de la même profeſſion, répondent ſi différemment ſur des faits à l'égard deſquels ils doivent avoir les mêmes lumieres & les connoiſſances ; mais il l'eſt encore bien davantage de les voir chacun à leur égard ſi peu d'accord avec eux-mêmes, & de tomber dans des contradictions qui ne font l'éloge ni de leur bonne foy ni de leur experience.

En effet le ſieur Giraudy a declaré, 1°. Sur les faits & articles 7 & 8 qu'ils font ſuivre exactement tous les articles des Reglemens, qu'il n'y en a aucuns qui ſoient abolis par l'uſage ; que les Bas pour uſage d'homme doivent peſer quatre onces au moins, & que la Soye doit être platte. 2°. Sur l'Article 9. que l'on peut employer toutes ſortes de Soyes, ayant le tors ordinaire & la qualité requiſe. Et à preſent il dit qu'il doit être permis de fabriquer des Bas de ſoye à uſage d'homme d'un poids au deſſous de celui de quatre onces, & même ſur des Métiers montez de plomb à deux éguilles, & qu'il ne doit pas être permis de fabriquer ces Bas avec des Soyes organcinées, ou autres Soyes qui auront reçû quelque tors, ce qui eſt entierement oppoſé à ſa réponſe ſur l'article neuviéme.

Le Sr Bodet a declaré, 1°. ſur les articles 7 & 8, que les Bas à uſage d'homme doivent peſer cinq onces. 2°. Sur l'article 9, que les Soyes organcinées peuvent être permiſes ; & à preſent il dit, qu'il eſt permis de faire des Bas de ſoye à uſage d'homme d'un poids au-deſſous de quatre onces, & qu'il ne doit pas être permis de fabriquer des Bas avec des Soyes organcinées & même avec celles qui auront un ſimple tors.

Le Sr Godier perſiſte à nier la verité ainſi qu'il l'a fait dans les ſix précedens faits, dont celui-ci n'eſt que la ſuite & la conſequence ; mais ſes Réponſes ſur les faits & articles 15, 21, 22 & 23, feront connoître avec plus d'évidence ſa mauvaiſe foy.

L'impoſſibilité où ſont les répondans de juſtifier qu'il eſt permis par les Reglemens de fabriquer des Bas de ſoye à uſage d'homme d'un poids au deſſous de celui de quatre onces, conformément aux réponſes des ſieurs Giraudy & Bodet ſur cet article, & à celle du ſieur Godier ſur l'article 23, eſt une preuve évidente que les Reglemens ne ſont pas ſuivis litteralement, & que les répondans n'ont répondu véridiquement ſur les articles 7 & 8.

Le Supliant pour mettre ſa conduite dans tout ſon jour & faire voir en même tems que le bien public, & en particulier celui des Marchands fabriquans de Bas, qui font leur commerce avec exactitude, demandent qu'on interprete pluſieurs articles des Reglemens ; ſe propoſe à cet effet de mettre ſous les yeux de la Cour cinq Bas, qui tiendront lieu de cinq paires de Bas, qu'il croit ſuffiſante pour la convaincre des veritez importantes qu'il a avancées dans ſes écritures, & même dans ſes faits & articles.

Le premier de ces Bas repreſente une paire de Bas à uſage d'homme pour rouler, peſant deux onces un gros, fabriquez ſur un métier très-fin de la jauge 30. à 3 éguilles, avec des Soyes organcin très-fin ; cette Soye revenoit au premier Avril 1736. à 54. ſols l'once, prête à être fabriquée ; enſorte que les Bas de cette eſpece revenoient à 13. liv. 10. ſ. la paire ; le Supliant les vend 16. liv. & gagne 50 ſols par paire.

Le Supliant ne craint point d'affirmer à la Cour, que ces Bas quoique beaux & d'un bon uſage, ſont fabriquez en contravention aux Reglemens ; 1°. ils ſont à uſage d'homme, & ils ne peſent que deux onces un gros la paire, ce qui eſt contraire à l'article premier du Reglement du 16. Octobre 1717. qui fixe le poids des Bas de ſoye à uſage d'homme à quatre onces au moins. 2°. Ils ſont fabriquez avec des Soyes organcinées qui ſont torſes & retorſes à un degré ſuprême, ce qui eſt contraire à l'article 5. de l'Arrêt du 30 Mars 1700. qui ordonne que la Soye deſtinée pour être fabriquée en Bas ſera platte.

Le deuxiéme Bas repreſente une paire de Bas à uſage d'homme pour rouller, peſant deux onces un gros, fabriquez ſur un Métier fin de la jauge 26. à 3 éguilles, avec des Soyes organcin fin ; cette Soye revenoit au premier Avril 1736. à 50 ſols l'once, prête à être fabriquée, enſorte que les Bas de cette eſpece revenoient à 10 liv. 18 ſ. le Supliant les vend 13 liv. & gagne 42 fols par paire. Cette paire de Bas eft fabriquée dans les mêmes contraventions aux Reglemens que la premiere.

Le troifiéme Bas reprefente une paire de Bas à ufage d'homme pour rouler, pefant trois onces, fabriquez fur un Mêtier demi fin de la jauge 24. à trois éguilles avec des Soyes de Nankin, torfe brin à brin, au même point du filage de l'organcin ; cette Soye revenoit au premier Avril 1736. à 43 fols l'once, enforte que les Bas de cette efpece revenoient à 10 liv. 10. f. le Supliant les vend 12 liv. 10. f. & gagne 40 fols par paire.

Cette troifiéme efpece de Bas, quoique d'une qualité inferieure aux deux premieres, eft cependant plus conforme à la lettre du Reglement, parce que la Soye dont elle eft fabriquée, eft beaucoup moins torfe que la Soye organcin, enforte qu'elle remplit la maille davantage.

Le blanc de cette troifiéme efpece de bas, qui fe conferve toûjours au deffus du blanc des Bas fabriquez avec une autre qualité de Soye, eft un apas bien flateur pour féduire & tromper le public ; le maniement qui fe trouve dans cette troifiéme efpece de Bas n'eft pas moins féduifant ; enforte que les étiquettes attachées par le Supliant aux Bas de fa fabrique, lui ôte le pouvoir de tromper le public fur ces differens avantages qui n'ont que la vûë & le maniement.

Le Supliant convient que les Bas qui font fabriquez avec cette derniere qualité de Soye, ne font pas d'un auffi bon ufage que le font les Bas fabriquez avec des Soyes organcin ordinaire, fin ou très-fin ; cependant il y a beaucoup de perfonnes qui préferent les Bas de Soye de Nankin ; d'ailleurs le Supliant ne craint point d'affurer que les Bas fabriquez avec des Soyes de Nankin, préparées fuivant cette nouvelle méthode, font fuperieurs en beauté & bonté. 1°. Aux Bas qui font fabriquez avec de pareille Soye torfe, indifferemment brin à brin, ou en deux brins d'un tors beaucoup plus leger, dont le Supliant a fixé le prix à 40 fols l'once dans fa Lettre imprimée page 7. 2°. Aux Bas qui font fabriquez avec des Soyes dites trêmes & dites poil, qui reviennent à 38 f. l'once, en état d'être fabriquées ; le public qui achette cette derniere qualité de Bas fe trouve trompé lorfqu'il paye ces Bas auffi cher qu'il devroit payer les Bas fabriquez avec des Soyes organcin ordinaire, fin & même très-fin, ce qui eft très-préjudiciable à la fabrique & aux Marchands de Bas de probité.

Le quatriéme Bas reprefente une paire de bas à ufage d'homme pour rouler, pefant quatre onces fix gros, fabriquée fur un Mêtier ordinaire avec des foyes dites poil d'Alais, retorfes de deux très legers tors ; cette foye revenoit au premier Avril 1736. à 34 fols l'once, prête à être fabriquée, enforte que les bas de cette efpece revenoient à 10 l. 8 fols, le Supliant les vend 11 liv. 10 f. & gagne 22 f. par paire.

Le cinquiéme Bas, reprefente une paire de bas à ufage d'homme pour rouler, pefant 4 onces 4 gros, fabriquée fur un Mêtier ordinaire avec des foyes dites montées à l'ovale, qui revenoient au premier Avril 1736. à 30 fols l'once, prête à être fabriquée ; enforte que les bas de cette efpece fabriquée dans Paris, revenoient à 9 liv. 2 fols la paire, le Supliant les vendoit 10 liv. 4 f. & gagnoit 22 fols par paire. Lorfque le Supliant a commencé à faire fabriquer des bas, la quatriéme qualité de foye ne lui revenoit qu'à 30 fols l'once, au lieu de 34. fols, & la cinquiéme qualite qu'à 26 f. l'once au lieu de 30 f. enforte que les deux dernieres efpeces de bas lui revenoient à environ 20 f. de moins par paire que ne lui reviennent aujourd'hui ceux des Marchands qui tirent la cinquiéme efpece de bas des Provinces, les peuvent vendre vingt fols de moins la paire & gagner auffi confiderablement que fait le Supliant.

Les bas de cette cinquiéme efpece, quoique fabriquez avec des foyes qui font au nombre des plus inferieures en qualité & au meilleur marché de toutes celles qui s'emploient dans la fabrique, font cependant les plus conformes à la lettre du Reglement. 1°. Ils pefent plus de quatre onces la paire. 2°. Ils font fabriquez avec une fize ou groffeur compofée du nombre de brins prefcrit par le Reglement. 3°. La foye dont ils font fabriquez n'a point été torfe brin à brin ; enforte qu'elle eft devenuë platte après la cuiffon, ce qui la rend douce & fait qu'elle remplit la maille, en quoi elle eft entierement conforme à la lettre du Reglement. Le Sr Giraudy eft convenu dans fa réponfe fur l'article 18, que cette foye eft la plus conforme au Reglement : Le fieur Godier qui répond au nom du Corps de la Bonneterie, convient du même fait dans fa réponfe fur l'article 9. où il dit que les tors & retors font vicieux aux Soyes.

A quoi les Répondans ajoûtent, dans un Libéle imprimé contre le Supliant page 4. qui eft fous les yeux de la Cour ; *Que c'eft donc avec bien de la prudence que l'Article I V. de l'Arreft 1700. oblige d'employer au moins huit brins diftincts après la cuiffon ; parce qu'il empêche par cette précaution le Public d'être trompé comme il l'eft fouvent par ceux dont Cardonville fuit la méthode, par la liberté qu'elle donneroit fi elle étoit autorifée, d'employer telle qualité de Soye & en fi peu de brins qu'on voudroit, puifqu'étant réduits & confondus en un feul, on ne pourroit plus connoître le nombre, & mettroit les Gardes dans l'impoffibilité de veiller à l'obfervation d'un Reglement fi neceffaire.*

Le Supliant convient que l'efprit de l'article 4. de l'Arreft de 1700. doit être tel que le difent les Répondans ; mais ils ne juftifieront pas que cet article du Reglement porte que les huit brins feront diftincts après la cuiffon, s'ils fupofent qu'il doit être fous-entendu, ils feront forcez de convenir de la verité avancée par le Supliant dans fa Lettre imprimée page 2. que ces brins de Soye doivent avoir reçû un tors chacun en leur particulier avant la cuiſſon , parce que s'ils n'ont pas été tors brin à brin avant la cuiſſon, ils ſe confondent les uns avec les autres par la cuiſſon, & ne forment plus qu'un ſeul & unique brin après la cuiſſon ; ce qui peut favoriſer beaucoup la fraude , ainſi que le remarquent fort bien les Répondans.

Le reproche faux, témeraire & injuſte que les Maîtres & Gardes de la Bonneterie font au Supliant, de ſuivre l'exemple de ceux qui trompent le public, & l'aveu qu'ils font de l'impuiſſance où les Gardes ſeroient de veiller à l'obſervation de l'art. 4. de l'Arreſt de 1700. ſi les brins de ſoye n'étoient pas diſtincts après la cuiſſon, eſt un aveu formel de leur part de l'obligation indiſpenſable d'interpreter cet article du Reglement ſuivant l'eſprit qu'il doit avoir, & en conſequence faire défenſe ſous de rigoureuſes peines, de fabriquer, vendre & débiter aucuns Bas de ſoye ordinaire , fins , très-fins & ſuperfins qui ne ſeront pas fabriquez avec un ſize ou groſſeur compoſée au moins de huit brins de ſoye diſtincts l'un de l'autre après la cuiſſon.

Le Supliant qui cherche toûjours à perfectionner ſa fabrique & meriter de plus en plus la confiance dont le Public l'honore, fait fabriquer depuis peu de jours deux qualitez de bas, qu'il qualifie de bas demi-fins, quoique fabriquez ſur des Métiers ordinaires, ſupoſant l'une du poids de 4 onces 4 gros la paire, & l'autre du poids de 4 onces, bas à uſage d'homme pour rouler , il fixe indifféremment le prix de ces deux qualitez de bas à 12 liv. la paire : Quoique le Supliant gagne ſur ces deux eſpeces de bas 40 ſols par paire, il a tout lieu de croire que le public préferera l'une de ces deux qualitez de bas à celle du poids de cinq onces la paire.

ARTICLE XIV.

<table>
<tr><td>

S'il n'eſt pas vrai , qu'ils ont connoiſſance, que les Sieurs Giraudy & Bodet , Répondans, le Sieur Petit & le Sieur Riquet, anciens Gardes , ne ſuivent pas les Reglemens.

</td><td>

GIRAUDY
a dit , que non.

BODET
a répondu , qu'il nioit le contenu en l'article.

GODIER
a répondu , que le Sieur Cardonville en impoſe ; que les Sieurs Giraudy, Bodet, Riquet & Petit ſont connus pour être bons Fabriquans, & pour obſerver les Reglemens ; & que cet article ne méritoit pas de réponſe.

</td></tr>
</table>

Il eſt ſurprenant que les ſieurs Giraudy & Bodet oſent affirmer le contraire de ce qu'ils pratiquent journellement, & de ce qu'ils ont eux-mêmes declaré dans leur réponſe ſur l'article 13. en effet la plus grande partie des bas de ſoye qu'ils font fabriquer, & nommément le ſieur Bodet, ſont en contravention aux articles du Reglement, qui fixent le poids des bas à uſage d'homme à quatre onces au moins, & qui ordonnent que la ſoye dont ils ſont fabriquez ſera platte.

Le ſieur Godier qui encherit par deſſus les autres, lorſqu'il s'agit de nier la verité, oſe ajoûter ici à ſa dénégation, que le Supliant en impoſe.

Le Supliant eſt incapable d'en impoſer, il expoſe à la Cour les entrailles de ſa fabrique & de ſon commerce, & en conſequence il ſomme & interpelle les Maîtres & Gardes de la Bonneterie, notamment ceux qui ſont nommez dans cet article , de repreſenter des bas très-fins , fins , demi-fins & ordinaires , tirez de leurs boutiques, on verra par la critique que le Supliant en fera s'il en impoſe, lorſqu'il rétorque contr'eux-mêmes l'argument au ſujet de l'inéxécution des Réglemens.

Le Supliant ne craint point de dire, que la Cour connoîtroit par l'examen de ces bas & par la comparaiſon qu'elle en pourroit faire avec les cinq paires de bas, dont il a été parlé cy-deſſus, enſemble par les prix reciproques auſquels les Parties vendent leurs bas, la neceſſité qu'il y a de remedier aux abus conſiderables qui naiſſent de la difference qui ſe trouve ſur le prix des ſoyes & ſur le prix qui ſe paye pour la façon des bas.

ARTICLE XV.

<table>
<tr><td>

S'il n'eſt pas vrai , qu'ils ont connoiſſance, que beaucoup de Marchands font teindre en noir des bas de différentes couleurs , qui ſe trouvent piquez & déféchez, par la longueur des tems, & qu'ils les vendent indifféremment, comme des bas teints en noir au ſortir de de deſſus le métier ; ce qui, non-ſeulement eſt contraire au Reglement , mais auſſi au bien public , parce qu'il ſe trouve trompé , en achetant ces bas ainſi reteints.

</td><td>

GIRAUDY
a répondu , qu'il avoit connoiſſance, que l'on met les bas piquez , ou barrez , à la teinture en noir , indifféremment d'avec les bas blancs, attendu que la premiere teinture ne préjudicioit point à la ſoye.

BODET
a répondu , que le contenu en l'article eſt véritable.

GODIER
a répondu , que, s'il arrive qu'on ſoit obligé d'en faire mettre quelques-uns en noir, par raport aux taches, on les vend pour ce qu'ils ſont.

</td></tr>
</table>

REPLIQUE.

La réponſe du ſieur Giraudy fait entendre que cet article du Reglement doit être rejetté comme inutile, & fait ſans connoiſſance de cauſe.

Le Sr Bodet fait voir que ce même article doit ſubſiſter ; & que ceux qui y contreviennent doivent être punis, vû que le Public en ſouffre un dommage conſiderable.

La réponſe du ſieur Godier veut faire ſous-entendre , que ceux des Marchands Bonnétiers qui vendent des bas de couleur échantilon, piquez & défechez par la longueur des rems, reteins en noir, ont affés de bonne-foy pour avertir le public que ces bas ne pourront pas faire un bon ufage.

REFLEXION.

Comment les Répondans ont-ils pû affirmer dans leurs réponfes fur les articles 7 & 8 qu'ils faifoient exactement fuivre tous les articles du Reglement, & convenir à prefent, & nommément le fieur Bodet, que non-feulement ils ont connoiffance des malverfations qui fe font à cet égard contre le bien public, mais encore qu'ils le fouffrent fans y apporter aucun remede. Quoiqu'il en foit leur réponfe eft une preuve évidente de la nécessité d'interpreter cet article du Reglement pour l'interêt & l'utilité publique, ainfi que le Supliant l'a démontré dans fa Lettre imprimée page 3.

ARTICLE XVI.

S'il n'eft pas vrai, que la pretenduë altération du deffaut de cuiffon, qu'ils difent être aux foyes de Cardonville, ne pourroit produire, qu'environ un, ou deux fols, par once, au plus ; ce qui feroit dix fols fur une paire de bas péfant cinq onces ; & fix fols fur une paire de bas péfant trois onces.

GIRAUDY
a répondu, qu'on ne pouvoit avoir connoiffance du premier article, qu'en faifant l'épreuve de la cuiffon, par une feconde teinture.

BODET
a répondu, que non.

GODIER
a répondu, que la différence du prix occafioné par le défaut de cuiffon des foyes eft étranger à la conteftation, qu'il fuffit que les Soyes ne foient pas débouïllies & cuites fuffifament, pour être contraires au Reglemens ; & qu'avec la foye non fuffifament cuite, on ne peut faire que des ouvrages très-défectueux.

REPLIQUE.

Le fieur Giraudy fe trompe groffiérement en difant que le défaut de cuiffon ne peut fe connoître que par une feconde teinture, pour peu qu'on fçache ce que c'eft que la cuiffon des foyes, on a connoiffance que ce n'eft pas par une feconde teinture que le défaut de cuiffon des foyes fe peut reparer ; mais bien par une feconde cuiffon.

Le bénéfice illicite qui fe peut faire par l'alteration de la cuiffon des foyes n'eft pas étranger à la conteftation, ainfi que le dit le fieur Godier, parce que l'on accufe le Supliant de ne pas cuire fuffifamment fes foyes.

Si les Répondans n'ont pas voulu convenir de la verité de ce fait, c'eft qu'ils ont bien fenti que le Supliant étoit en état d'en tirer avantage contr'eux, en comparant le petit bénefice que peut produire la difference de la cuiffon des foyes aux differens prix aufquels reviennent les differentes qualitez des foyes qui peuvent s'employer dans la fabrique des bas. Le Supliant fait monter la difference du prix des foyes dans fes faits & articles 18 & 19, jufqu'à 26 fols par once; le fieur Giraudy admet la foye de 28 fols l'once & celle de 60 fols l'once dans fes réponfes aux articles 9, 18. & 21. Le Sr Godier admet la foye de 38 f. & celle de 4 l. l'once dans fes réponfes fur les art. 20 & 21. enforte que les Répondans fe font aveuglez au point de porter la difference du prix des foyes qu'ils ont declaré être permifes pour la fabrique de bas jufqu'à 52 fols par once. Conféquamment ils prouvent que le Supliant pouvant faire un bénéfice confiderable fans être répréhenfible par les Reglemens, qui fuivant l'aveu des Répondans permettent l'emploi des foyes de 28 fols l'once & de 4 liv. l'once, fans diftinction, méprieroit cet avantage confiderable dans la vûë de fe borner au modique benefice de deux fols par once que lui produiroit le défaut de cuiffon des foyes, en s'expofant à paffer pour un trompeur public, & pour un tranfgreffeur des Reglemens, & confequemment à être repris feverement.

ARTICLE XVII.

S'il n'eft pas vrai, que, fans altérer les Soyes, par le défaut de cuiffon, on en employe dans la Fabrique de bas de différentes qualitez, qui reviennent à 28 f. 30 f. 35 f. 40 f. 45 f. 50 f. & jufqu'à 54 f. l'once ; ce qui forme une différence, qui monte, par gradation jufqu'à 26 f. par once; ce qui fait une augmentation de 6 l. 10 f. fur une paire de bas péfant cinq onces, & de 3 l. 18 f. fur une paire de bas péfant trois onces, fans y comprendre la différence du prix qui fe paye pour la façon des bas.

GIRAUDY
a répondu, que fur le prix des Soyes, il n'y a point de borne, & qu'on peut en employer toutes fortes de qualitez, fuivant les jauges des métiers, pourvû qu'elles ne foient pas au-deffous de celles prefcrites par les Reglemens.

BODET
a répondu, que non.

GODIER
a répondu, que l'on n'employe dans la Fabrique des bas, que des foyes de la qualité requife par les Reglemens ; & qu'il n'y a que le Sr Cardonville qui employe les foyes de la qualité dont eft parlé aud. art. XVII, leurs défectuofitez étant cachez dans les tors & retors dont il fe fert.

REPLIQUE.

REPLIQUE.

Si les sieurs Giraudy & Godier avoient nié le fait, à l'imitation du sieur Bodet , ils n'auroient pas donné occasion au Supliant de se prévaloir de leurs réponses; en effet, si les soyes qui reviennent à 54 sols l'once au Supliant, sont inferieures à celles que les Répondans employent & qui ne leur reviennent qu'à 38 s. ou 40 sols l'once, suivant qu'ils l'ont affirmé en réponse aux articles 18 & 20 , il faut que le Supliant soit bien peu attaché à son interêt, & que la persécution lui plaise infiniment , parce qu'en faisant l'emploi de ses soyes, il gagne beaucoup moins qu'il ne feroit en suivant l'exemple des Répondans , qui n'auroient plus pour prétexte de la persécution injuste qu'ils font au Supliant, l'inéxécution des Reglemens.

ARTICLE XVIII.

S'il n'est pas vrai, que la Soye la plus inférieure en qualité, qui est celle de 28 s. l'once, est la plus conforme à la lettre du Réglement , qui ordonne que la Soye sera platte,

GIRAUDY
a dit , que oüi.

BODET
a répondu , que non.

GODIER
a répondu , que non.

REPLIQUE.

Les Répondans fournissent de plus en plus des Moyens au Supliant pour se justifier des prétenduës contraventions qu'on lui supose , & pour faire voir en même tems que les Reglemens ont plusieurs significations , qu'il est difficile de les entendre & de les suivre litteralement avec exactitude ; en effet le sieur Giraudy, le plus éclairé qu'il y ait dans la fabrique, convient ici de la verité ; mais quoique ce soit une verité, il ne paroît pas vrai semblable que ce soit l'esprit & l'interprétation qu'on doit attribuer au Reglement.

On passe sous silence la Réponse du sieur Bodet , lequel dans presque toutes ses réponses semble avoir affecté de montrer son peu d'experience ; mais le Sr Godier, qui est l'organe du corps de la Bonneterie, n'est pas excusable d'avoir nié le fait , s'il ne convient pas que l'esprit du Reglement n'a jamais été d'empêcher l'emploi d'une soye parfaite dans la fabrique de bas, & s'il ne justifie pas comment & sur quel fondement le sieur Giraudy peut affirmer contre la verité dans sa réponse sur l'article 19 , que le tors & retors qu'on donne aux soyes organcin , ne les empêchent pas d'être plattes ; & comment le sieur Bodet a pareillement pû affirmer contre la verité dans sa réponse sur l'article 9. que la soye organcin devient platte après la cuisson , & consequemment conforme au Reglement ; alors & dans ces deux cas le Supliant ne craint point d'affirmer à la Cour, que la soye dont il fait fabriquer ses bas est entierement conforme au Reglement ; ainsi que le Supliant l'a démontré dans sa replique aux réponses sur les articles 11 & 12. dans laquelle il a justifié que le tors qu'il donne à ses soyes , tient le milieu entre celui qu'on donne aux soyes organcin & celui qu'on donne aux soyes dites trêmes & dites poil.

ARTICLE XIX.

S'il n'est pas vrai , que la Soye qui revient à 54 s. l'once, est entierement oposée à la lettre du Réglement , parce que cette Soye qui est un organcin superfin , a reçû plusieurs tors & retors très-fort ; conséquemment elle est très-éloignée d'être platte.

REPONSES.

GIRAUDY à répondu , que non ; & que le tors qu'elle reçoit ne l'empêche pas d'être platte.

BODET
a répondu , que non,

GODIER
a répondu , que l'organcin qui a reçû son premier tors en simple , est suffisamment tors ; & qu'après la cuisson il est suffisamment plat & nerveux , pour être employé dans la Fabrique des Bas , suivant les Réglemens, & que le tors & retors qu'on lui donneroit après , seroit préjudiciable

REPLIQUE.

Le sieur Godier après avoir dit plusieurs fois que le tors est vicieux aux soyes & contraire au Reglement, convient à present que le premier tors en simple de l'organcin est suffisamment tors , & qu'après la cuisson il est suffisamment plat , & que tout autre tors & retors seroit préjudiciable , ce qui prouve avec évidence son incapacité ou sa mauvaise foi ; en effet comment pourra-t'il justifier qu'on employe dans la fabrique de bas une autre qualité de soye qualifiée d'organcin, que celle qui a reçû en simple un très-fort tors , qu'on nomme filage , & ensuite un très-fort retors en double , ce qui fait nommer la soye organcin.

Si l'organcin , qui a reçû un très-fort tors & un très-fort retors avant la cuisson, est suffisamment plat pour être employé dans la fabrique , ainsi qu'en conviennent les Répondans ; comment ont-ils eû la mauvaise foy de dire quele leger tors & retors que le Supliant donne à ses soyes avant de les faire cuire , leur ôte la qualité qu'elles doivent avoir , & font que cette soye n'est pas conforme au Reglement, & convenir enſuite qu'une ſoye qui a reçû pareillement avant la cuiſſon un tors & retors quatre fois plus fort que celui que le Supliant donne à ſes ſoyes avant la cuiſſon, devient platte après la cuiſſon, & conforme au Reglement.

Quoiqu'il en ſoit, les Répondans juſtifient avec trop d'évidence la neceſſité abſoluë qu'il y a de tordre les ſoyes, pour laiſſer aucun doute ſur la neceſſité qu'il y a d'interpreter l'article 5 du Reglement de 1700. qui ordonne que les ſoyes ſeront plattes.

ARTICLE XX.	RÉPONSE.
Interrogé d'office, à quel prix revient l'once de la Soye la plus inférieure, qui s'employe dans la Fabrique des Bas, & quelle eſt la préparation qu'on donne ordinairement à cette Soye.	GIRAUDY a répondu, que la Soye la plus inférieure en qualité propre à faire des Bas, ordonnée ſuivant les Réglemens, revient l'once, en état de mettre ſur le métier, depuis 38 ſ. à 40 ſ. & que la préparation qu'on donne ordinairement à cette qualité de Soye, conſiſte à la tirer du Cocon, devider au tours d'Eſpagne, la monter au Moulin ſimple ; après cela, de la faire teindre ; enſuite la faire cheviller & adoucir, la devider ſimple, la doubler au moins en huit brins, ſuivant les Réglemens, & les mener tous enſemble.

BODET

a répondu ne rien ſçavoir du contenu en l'article.

GODIER

a répondu, que la Soye qu'on employe pour l'ordinaire, n'a pas le nom d'inférieure, qu'elle ſe nomme Poil d'Alais, Poil d'Eſpagne, vrai Valence, trême de païs ; que le prix de la livre ni de l'once n'eſt pas fixé ; qu'il eſt plus ou moins fort, ſuivant la qualité de la Soye dans ſon eſpece, & que d'ailleurs le prix des Soyes eſt variable, ainſi que celui des autres marchandiſes, ſuivant les différens tems, & que la préparation de la Soye eſt de la tirer de la coque, de la devider au tours d'Eſpagne ; & ſi c'eſt pour faire du poil, mouliner enſuite à un brin, lui donner le tors convenable ; ſi c'eſt pour monter en trême, la doubler en deux avant de la mettre au moulin, la mettre après en teinture, la faire cheviller, l'adoucir ſuffiſamment, & enſuite la plier, la faire devider ſimple, & la doubler pour faire la ſize de la groſſeur dont elle doit être employée, ſuivant la jauge du Métier ſur lequel elle doit être employée : toutes ces façons données, l'once eſt à preſent du prix de 38 à 40 ſ. compris le déchet & le diſcal.

RÉPLIQUE.

Les membres du corps de la Bonneterie auroient dû, pour leur honneur, inſtruire le ſieur Bodet avant de le laiſſer répondre : car il eſt honteux pour eux d'avoir mis en charge un homme qui ne craint point d'affirmer ne ſçavoir pas le prix des Soyes ni le façturage qu'elles doivent avoir pour être fabriquées en bas.

Les deux autres Répondans, dans la vûë de cacher la verité, ſe ſont ſervis de l'expreſſion de mener les ſoyes enſemble pour ne pas dire les doubler & tordre enſemble ; la ſeconde expreſſion de monter les ſoyes ſimples au Moulin, a la même ſignification que tordre les ſoyes brin à brin, conſéquemment le façturage & la préparation des ſoyes dont les répondans font fabriquer les bas, eſt dans la même prétenduë contravention au Reglement qu'ils diſent être celles du Supliant, en ce qui concerne le tors en ſimple : avec cette exception que la ſoye que le Supliant fait tordre brin à brin, au même degré du tors que l'on donne au filage de l'organcin, produit aux bas qui en ſont fabriquez, un uſage ſuperieur à celui des bas qui ſont fabriquez avec des ſoyes montées en poil ou torſe brin à brin, & préparées ſuivant l'uſage démontré par les Répondans : ce fait eſt tellement vrai que le Public qui achette chez le Supliant paye 12 liv. pour une paire de bas du poids de quatre onces, fabriquez avec des ſoyes torſes brin à brin, au même degré du tors du filage de l'organcin, & que ce même public ne paye pareillement que 12 liv. pour une autre paire de bas peſant cinq onces, fabriquez avec des ſoyes préparées, ſuivant & ainſi que les Répondans l'ont dit cy-deſſus, & ainſi que le Supliant l'a démontré dans ſa Lettre imprimée page 6. enſorte qu'il y a une once de difference ſur le poids de ces deux paires de bas, qui ſont cependant du même prix ; ce qui doit faire croire que la ſoye du bas de quatre onces eſt plus parfaite que celle du bas de cinq onces ; car autrement le public donneroit la préference au bas de cinq onces.

ARTICLE XXI.	RÉPONSE.
Interrogé d'office, à quel prix revient la Soye la plus parfaite en qualité, qui s'emploie dans la Fabrique de Bas, & quelle eſt la préparation qu'on donne ordinairement à cette qualité de Soye.	GIRAUDY a répondu, que l'once, prête à travailler, revient à un écu ; & qu'on lui donne les façturages néceſſaires ſuivant les jauges des Métiers ſur quoi elle doit être employée ; & à l'égard de la préparation, que l'on lui donne un tort de plus, étant ſimple, qu'aux autres qualités de Soyes, qui l'a fait nommer organcin.

BODET

a répondu, que le prix de l'once de la Soye la plus parfaite en qualité, eſt de 4. liv. & que pour la préparer comme il faut, il eſt néceſſaire qu'elle ſoit bien débouïllie, bien dégorgée & bien lavée.

GODIER

a répondu, que la Soye la plus parfaite qui s'emploie dans la Fabrique des Bas, eſt l'Organcin ; que l'Organcin a le même façturage que les Soyes de l'article ci-deſſus, à la réſerve que l'Organcin eſt tiré des Cocons les mieux choiſis & à moins de nombres, monté à un brin ſeul, & après mis en deux ou trois brins, ſuivant le déſir de celui qui le fait fabriquer ; que la Soye de cette eſpece & qualité, revient environ à 3 liv. 10 ſ. ou 4. liv. l'once, prête à travailler,

REPLIQUE.

Le Supliant pourroit relever les abfurditez qui fe trouvent fur chacune de ces réponfes en les comparant à la véritable maniere dont on fe fert pour preparer les foyes organcin, ainfi qu'il eft démontré dans fon Memoire imprimé page 15. note a; mais il lui fuffit de faire voir clairement le peu de bonne foi des Répondans, qui dans la vûë de cacher le bénéfice très confiderable qui fe peut faire très-légitimement dans leur commerce en fervant le public fidellement, ne craignent pas de porter la difference du prix d'une même foye la plus parfaite en qualité jufqu'à vingt fols par once, ce qui ne peut pas avoir de vrai-femblance; confequemment on peut conclure de ces réponfes jointes à celles que les Répondans ont faites fur les articles 18 & 20, que la groffe difference qui fe trouve fur le prix des foyes dont on peut fabriquer des bas, & qui fuivant les réponfes des Répondans monte jufqu'à 52 fols par once, favorife à un degré fuprême les tromperies qui peuvent être faites au public à cet égard; ce qui juftifie avec évidence la neceffité qu'il y a de remedier aux abus qui peuvent naître de la liberté qu'ont les Fabriquans d'employer indifferemment une foye qui revient à 28 fols l'once, & une autre qui revient à 4 liv. l'once, fuivant l'aveu & la déclaration des Répondans.

ARTICLE XXII.

Interrogé d'office, quelle eft la Soye de ces deux efpeces, qui eft la plus conforme à la lettre du Réglement, qui ordonne que la Soye fera platte.

REPONSE.

GIRAUDY a répondu, que c'eft celle qui n'a pas le tors de l'Organcin, attendu que du tems du Réglement, il n'y avoit point de Métiers fuperfins en France; & que c'eft ce qui a occafionné de fe fervir de ces fortes de matieres-là.

BODET
a répondu, que c'eft celle nommée Alais & Organcin.

GODIER
a répondu, que les deux qualités de Soye, ci-devant énoncées, font propres pour la Fabrique des Bas: l'une pour les Bas ordinaires, qui eft le Poil & la Trême; & l'autre qui eft l'Organcin, lequel a un tors de plus en fimple, ce qui n'empêche pas que cette efpece de Soye ne foit platte; que dans le tems du Réglement l'on ne faifoit aucun ufage de cette efpece de Soye pour les Bas, mais bien pour la chaîne des étoffes de Soye.

REPLIQUE.

La réponfe du fieur Bodet fait connoître fon ignorance ou fa mauvaife foy, parce qu'au lieu de répondre précifément, il défigne deux qualitez de foye pour une feule & parfaite qualité; lefquelles deux qualitez, double de valeur l'une à l'autre, fuivant les réponfes des Répondans fur les articles 20 & 21.

Les deux autres Répondans conviennent que dans le tems du Reglement il n'y avoit point de Métiers très-fins & qu'on ne fe fervoit point de foye dite organcin, confequemment ils avoüent ce qu'ils ont nié dans leurs réponfes fur les articles 7 & 8. c'eft-à-dire, que l'ufage enfemble, le goût & le bien public, le progrez & la perfection de la fabrique, ont fait forcément tomber plufieurs articles des Reglemens; en effet ils ne prouveront pas qu'il foit permis par les Reglemens, fi on les fuit litterallement, de fabriquer des bas à ufage d'homme d'un poids au-deffous de celui de quatre onces, & avec des foyes organcinées; & s'ils le prouvoient ils feroient voir avec évidence leur mauvaife foy, parce qu'ils ont affirmé plufieurs fois que le tors & retors aux Soyes eft vicieux & contraire au Reglement.

ARTICLE XXIII.

Interrogé d'office, fi une paire de Bas, à ufage d'homme, pour rouler, péfant aux environs de trois onces, fabriquée avec des Soyes fuperfin, organcin, fur un Métier de la jauge 30, n'eft pas fupérieur de beaucoup en beauté & bonté, à une autre paire de Bas de même largeur & longueur, & du même poids, fabriquées fur un Métier de la jauge 24, avec des Soyes qu'on qualifie de Trême à deux bouts, foit d'Avignon, foit du païs, foit de Provence ou du Languedoc.

REPONSE.

GIRAUDY a répondu, que oüi.

BODET
a répondu, que c'eft les Bas de la jauge 30 qui eft la plus parfaite.

GODIER
a répondu, que le Métier de la jauge 30 eft extraordinaire pour fa fineffe, ce qui fait que le Bas de trois onces, fabriqué de Soye fuperfin, organcin, fur un Métier de ce jauge, eft fupérieur en beauté, par fa fineffe, & qu'à l'égard des Bas fabriqués fur les Métiers ordinaires, défignés par le Réglement, du poids de trois onces, avec des Soyes ordinaires, font défendus par les Réglemens, & doivent péfer au moins quatre onces.

REPLIQUE.

Les Répondans conviennent qu'une paire de bas à ufage d'homme péfant trois onces, fabriquez avec des foyes organcin fuperfin fur un Métier de la jauge 30, eft fuperieur en beauté & bonté aux autres bas mentionnez en l'article, que les bas fabriquez fur le 30, font extraordinaires par leur fineffe; confequemment ils doivent rapporter l'article du Reglement qui permet de faire fabriquer cette espece de bas , faute de quoi ils seront forcez de convenir qu'ils ont affirmé le faux dans leur réponse sur les articles 7 & 8.

ARTICLE XXIV.

S'il n'est pas vrai, qu'au premier Avril 1736, on ne payoit pour façon & aprêt des Bas de Soye fins, fabriqués sur des Métiers de la jauge 24 , qu'environ 3 liv. 10 s. à 4 liv. par paire, & qu'il se payoit alors 7 liv. 10 s. à 8 liv. pour la façon & aprêt d'une paire de Bas d'un pareil poids, fabriquée sur un Métier de la jauge 30 ; ce qui forme une seconde différence de 4 liv. par paire de Bas.

REPONSES.

GIRAUDY à répondu, que les prix n'avoient point de bornes, & ne se payent que suivant la capacité de l'Ouvrier.

BODET a répondu, que le contenu en l'article est véritable.

GODIER a répondu, qu'à l'égard du prix des façons, on les paye suivant la capacité de l'Ouvrier.

Le Supliant a formé cet article pour faire voir de plus en plus ce que c'est que le petit objet du défaut de cuisson des Soyes, dont on l'accuse à faux, en comparaison des tromperies qui peuvent se faire au public dans le commerce de bas de soye, soit par la difference du prix des soyes que les Fabriquans ont la liberté d'employer, soit par la difference du prix qui se paye pour les façons des bas.

Ces differences sont trop considerables pour qu'il ne se commette pas des abus à cet égard très préjudiciables au bien public, & en particulier à celui des Marchands & des Fabriquans de probité : car quoique le sieur Bodet convienne de la verité, cela n'empêche pas le Supliant de convenir avec les sieurs Giraudy & Godier que les prix qui se payent pour la façon des bas de soye, ne doivent point avoir de bornes & qu'ils se doivent payer suivant la capacité de l'ouvrier. C'est sur ce principe & sur ce fondement que le Supliant paye aujourd'hui cinq sols, dix sols, quinze sols & jusqu'à vingt sols de plus par paire de bas qu'il ne payoit au premier Avril 1736. pour la façon des bas, afin d'engager ses Ouvriers à ne lui faire que des ouvrages parfaits. Cette augmentation de prix que le Supliant donne à ses ouvriers ne lui a pas fait augmenter le prix de ses bas, parce qu'il lui reste encore un benefice assez considerable pour qu'il puisse s'y borner : ce qui prouve de plus que le Supliant, toûjours attaché à son devoir, n'a point alteré ses soyes par le défaut de cuisson, ainsi qu'on l'en accuse, & fait voir en même tems la necessité qu'il y a de contenir l'avidité de ceux qui abusent du peu de connoissance qu'a le Public pour le tromper.

ARTICLE XXV.

S'il n'est pas vrai, qu'ils ont connoissance que plusieurs de leurs Confreres font fabriquer , vendent & débitent beaucoup de Bas de Soye à usage d'homme, pour rouler , qui ne pésent qu'environ trois onces au plus, & qui sont fabriqués sur des Métiers de la jauge 24 , avec des Soyes qui reviennent aux environs de 40 s. l'once ; ensorte qu'une paire de Bas de cette espéce, ne revient qu'à environ 19 liv. tous les faux frais y compris.

REPONSES.

GIRAUDY a dit , n'avoir point de connoissance du contenu en l'article, & que chacun étoit libre, suivant la qualité des Soyes qu'il employoit.

BODET a répondu, que non.

GODIER a répondu, que non : lesdits Maîtres & Gardes n'en ayant point de connoissance.

ARTICLE XXVI.

S'il n'est pas vrai, qu'ils ont connoissance que Cardonville a fixé les Bas de cette espéce à 12 liv. la paire, & qu'il y a des Marchands Bonnetiers qui ont poussé l'avidité du gain, jusqu'à vendre cette espéce de Bas 14 à 15 liv. la paire.

REPONSES.

GIRAUDY a dit , que non.

BODET a répondu que non.

GODIER a répondu, que non : lesdits Maîtres & Gardes n'en ayant point de connoissance.

ARTICLE XXVII.

S'il n'est pas vrai, que c'est dans la vûë de cacher le motif injuste qu'ils ont de ruïner Cardonville, & de cacher en même-tems le bénéfice très-considerable qui se fait dans leur Commerce, au préjudice du bien public, & en particulier, de celui des Maîtres Fabriquans de Bas qui sont dans Paris , qu'ils n'ont fait aucun usage du consentement donné par Cardonville le 16 Mars 1735 , qui est produit en l'Instance ; à l'effet de comparer ceux des Bas les plus inférieurs en qualités, qu'ils pourroient trouver à leur choix, dans ceux qu'ils ont saisis sur Cardonville, à d'autres Bas achetés par des personnes non suspectes, chez les Srs Riquet, Giraudy & Goblet.

REPONSES.

GIRAUDY a dit , n'avoir connoissance du contenu en l'article.

BODET a répondu , que non.

GODIER a répondu, qu'ils n'ont jamais eû intention de ruïner personne, ni rien fait pour cacher le bénéfice qu'ils peuvent faire dans leur Commerce ; & que si le sieur Cardonville a été saisi, c'est parce qu'il s'est trouvé en contravention aux Réglemens ; qu'ils n'ont aucune connoissance du consentement prétendu, donné par ledit Cardonville, pour faire la comparaison dont est parlé en l'article ; & ne sçavent pas non plus, si des personnes non suspectes, ont acheté des Bas chez les Srs Goblet, Riquet & Giraudy, à cet effet.

ARTICLE XXVIII.
S'il n'eft pas vrai, qu'ils ont connoiffance que Cardonville marque fes Bas du plomb de Fabrique, ordonné par le Réglement, & qu'il a auffi la précaution, avant de les expofer pour être vendus, d'y attacher des étiquets qui ne peuvent fe changer ni fe fouftraire, & de marquer fur ces étiquets la nature de la Soye dont la paire de Bas eft fabriquée ; le facturage qu'on a donné à cette Soye, le dégré de fineffe du Métier fur lequel la paire de Bas a été fabriquée, le poids que péfe

REPONSES.
GIRAUDY a dit, que non.
BODET
a dit, n'en avoir connoiffance.
GODIER
a répondu, qu'ils n'ont aucune connoiffance des faits mentionnés en l'article, autres néanmoins que ceux énoncés au Procès-verbal de faifie faite fur Cardonville.

la paire de Bas, & le prix jufte auquel elle doit être venduë.

ARTICLE XXIX.
S'il n'eft pas vrai, que ce moyen tout fimple & tout facile qu'il eft dans fon exécution, en rempliffant l'efprit des Réglemens, fait connoître au Public la qualité des Bas qu'il achete, & en quelque façon, l'ufage qu'il peut en efpérer ; enforte que le Public peut acheter chez Cardonville, fans crainte d'être trompé.

REPONSES.
GIRAUDY a répondu, qu'il n'avoit point de connoiffance de cet article.
BODET
a dit, n'en avoir connoiffance.
GODIER
a répondu, que le moyen dont eft parlé en l'article, conduit à rien moins qu'à mettre le Public hors d'état d'être trompé.

ARTICLE XXX.
S'il n'eft pas vrai, qu'ils ont connoiffance que tous les Marchands Bonnetiers, ou peu s'en faut, vendent & débitent des Bas de Soye, fans être marqués du plomb de Fabrique, ordonné par le Réglement, comme feule & unique précaution que le Confeil Royal du Commerce a crû devoir prendre, afin de contenir l'avidité & la mauvaife foi de ceux des Marchands qui ne fe font pas un fcrupule d'abufer du peu de connoiffance qu'a le Public pour le tromper, en lui vendant indifferemment un Bas fabriqué dans les Provinces, comme un Bas fabriqué dans Paris, fans lui faire connoître la différence effentielle qui fe trouve ordinairement fur le prix & fur l'ufage de ces différens Bas, ce qui non-feulement eft très-préjudiciable au Public, mais encore, en particulier, à ceux des Marchands qui font leur Commerce avec plus de fcrupule, & à tous les Fabriquans qui font dans Paris, qui le plus fouvent font fans ouvrage, par les furprifes qui font faites journellement au Public, ce qui n'arriveroit pas, fi le plomb de Fabrique étoit attaché aux ouvrages avant de les expofer pour être vendus.

REPONSES.
GIRAUDY a répondu, n'avoir connoiffance de l'article.
BODET
a dit, n'avoir connoiffance du contenu en l'article.
GODIER
a répondu, qu'ils n'en ont aucune connoiffance.

ARTICLE XXXI.
Pourquoi ne font-ils pas fuivre avec rigueur cet article du Réglement, qui eft le feul des articles qui fe trouve dans les Réglemens, dont l'exécution foit favorable au Public, en prenant les Réglemens felon la lettre, & non pas felon l'efprit.

REPONSES.
GIRAUDY a répondu, qu'on le faifoit fuivre autant qu'ils pouvoient avoir de connoiffance des contraventions audit Réglement.
BODET
a répondu, n'en rien fçavoir.
GODIER
a répondu, qu'ils ne fouffrent point les Marchands Bonnetiers vendre de Bas fans être plombés & marqués.

ARTICLE XXXII.
S'il n'eft pas vrai, que la marque du plomb qui eft tombée en non-ufage, favorife entierement la vente & le débit qui fe fait dans Paris des Bas fabriqués en Province, qui reviennent à plus de 20 f. de moins par paire de Bas, que ceux qui font fabriqués dans Paris, en les fupofant d'une même grandeur, d'un même poids, & fabriqués d'une pareille Soye, ce qui contribuë très-confidérablement au relâchement des Fabriquans de Bas qui font dans Paris, parce qu'ils font forcés d'employer des Soyes très-inférieures en qualité, pour aprocher le prix de leurs Bas de celui des Bas de Province.

REPONSES.
GIRAUDY a répondu, n'avoir aucune connoiffance du contenu en l'article.
BODET
a répondu, qu'il ne connoiffoit point de Fabriquant qui emploie de fi mauvaifes Soyes que Cardonville.
GODIER
a répondu, que la marque eft toujours en ufage.

REPLIQUE.

La Cour fera fans doute furprife de voir les premiers membres d'un des fix Corps de Paris, dénier la verité avec fi peu de mefure contre leurs propres connoiffances, contre leurs lumieres, contre ce qu'ils ont vû dans un Memoire que le Supliant leur a fait fignifier, & contre ce qu'ils ont dit dans un Libéle imprimé, diffamatoire à l'honneur du Supliant, qu'ils ont diftribué dans le public, pour obfcurcir, s'il étoit poffible, les veritez contenuës dans une Lettre que le Supliant leur a écrite, à la fuite de laquelle il leur a mis & figné de fa main, le confentement mentionné en l'article 27. Le Supliant a produit au Procez la copie de cette Lettre & de ce confentement, avec le Memoire imprimé, qu'il leur a fait fignifier, & les Gardes de la Bonneterie en ont pris communication.

Les faits mentionnez aux articles 25, 26, 28, 29, 30, 31 & 32, font détaillez & circonftanciez dans ce Memoire & dans cette Lettre, que les Répondans ne peuvent ignorer, non plus que le confentement mentionné en l'article 27. vû qu'ils en ont eû communication, & vû auffi qu'ils ont mis dans le libele en queftion, dont le Supliant demande la fupreffion, un projet de Reglement, copié & mis mot à mot d'après ladite Lettre du Supliant.

La Cour est très-humblement supliée d'examiner les raisons qui ont déterminé les Répondans à nier les huit faits en question.

1°. S'ils étoient convenus de la verité du vingt-cinquiéme article, ils auroient donné occasion au Supliant de faire voir combien l'espece de bas dont il est parlé en l'article, est préjudiciable au bien public & en particulier à celui des Marchands fabriquans de bas de probité, qui ne peuvent abuser du peu de connoissance qu'a le public, pour le tromper ; attendu qu'une paire de bas de cette espece, est aussi belle à la vûë qu'une autre paire de bas qui revient à environ 60 sols de plus, suposant ces deux paires de bas d'une même longueur, largeur & d'un même poids. Le tout ainsi qu'il est claire- ment démontré dans le Memoire imprimé, signifié aux Gardes-Bonnetiers, page 14. notte *a*.

2°. S'ils étoient convenus de la verité du vingt-sixiéme article, ils auroient donné occasion au Supliant de justifier que les Marchands Bonnetiers peuvent établir les Mar- chandises au même prix qu'il le fait, & gagner environ 12 à 15 pour cent, sans alterer la qualité que les soyes doivent avoir ; ce qui auroit prouvé de plus en plus, que le bon marché que le Supliant fait des bas de sa fabrique, ne provient pas du prétendu défaut de cuisson des soyes qu'on lui supose.

3°. S'ils étoient convenus de la verité du vingt-septiéme article, ils auroient eux-mê- mes prononcé la condamnation qu'ils ne peuvent éviter en la Cour, qui a sous ses yeux la copie du consentement en question ; ensorte qu'il ne peut rester aucun vestige de doute sur ce que le Supliant a fait pour éclairer à fonds sa conduite & la maniere dont il fait son commerce.

4°. S'ils avoient declaré la verité sur le vingt-huitiéme article, ils auroient été for- cez de convenir, qu'ils ont un moyen très-simple & très-facile pour faire connoître à fonds la qualité des bas de la fabrique du Supliant ; en effet l'usage pratiqué par le Su- pliant de rendre l'argent lorsque les bas ne conviennent pas, les met en état d'achetter journellement des bas chez lui, de les porter chez eux, de les y examiner, & ensuite de les reporter chez le Supliant, & recevoir ce qu'ils auroient payé pour lesdits bas, lorsqu'ils n'auroient rien à dire contre la qualité des bas achettez ; mais si, par l'examen qu'ils feroient desdits bas, ils trouvoient que le Supliant trompe le public, leur inte- rêt personnel & le bien public exigeroit d'eux-mêmes qu'ils le démontrassent publi- quement ; alors le Supliant confondu par des faits incontestables, ne pourroit plus être écouté, soit lorsqu'il donneroit son zéle pour l'interêt du public pour motif de sa conduite & de ses démarches, soit lorsqu'il donneroit l'envie & l'animosité des Gar- des du Corps de la Bonneterie, pour motif des persécutions qu'ils lui font essüier depuis plus de trois ans & demi.

5°. S'ils étoient convenus de la verité du vingt-neuviéme article, ils auroient constaté que la conduite du Supliant est irréprochable.

Le sieur Godier qui répond au nom de tout le Corps, est inexcusable de nier ce fait, s'il ne met pas au jour un autre moyen pour parvenir au même but que le Supliant se propose, vû qu'il s'agit ici non-seulement de procurer le bien du public qui est trom- pé journellement à un degré suprême, mais encore de procurer un avantage très-con- siderable aux Marchands Bonnetiers Fabriquans de Bas, qui ont assez de scrupule pour ne pas abuser du peu de connoissance qu'a le public pour le tromper.

6°. S'ils étoient convenus de la verité des trente, trente-un & trente-deuxiéme arti- cles, ils auroient fait voir qu'ils méritent une répréhension très-sévere, d'autant plus grande que le devoir de leur Charge les obligent de veiller sur les malversations & sur les surprises qui sont faites journellement au public, qui ne proviennent que du défaut d'execution de l'article du Reglement mentionné aux trois faits. Quoiqu'il en soit, la dénégation des Répondans justifie avec évidence la nécessité absoluë qu'il y a de faire executer avec rigueur l'article 26. de la Declaration du Roy du 18 Février 1720. enregistrée en la Cour le 9 Mars suivant, qui ordonne que les ouvrages au Métier se- ront marquez du plomb du Fabriquant qui les aura faits, avant de les exposer pour être vendus.

La Cour, en ordonnant l'execution de cet article du Reglement, peut en interpréta- tion d'icelui ordonner que les Fabriquans de Bas de Paris, seront obligez à l'avenir de marquer lesdits ouvrages sur le Métier de leur nom, & du nom de la Ville en la- quelle ils font leur demeure, ce qui sera fait en maille-portée, ainsi qu'en sont tenus les Fabriquans de Bas au Métier de la Ville de Nismes, suivant leurs Reglemens. Le Supliant ne craint point d'être contredit en assurant que ce moyen tout simple & tout facile qu'il est dans son execution, étant suivi à la rigueur, remettroit l'émula- tion entre tous les Fabriquans du Royaume, qui s'apliqueroient à se surpasser les uns les autres pour égaler la Fabrique de Paris, qui reprendroit son premier crédit, & empê- cheroit en même tems le public d'être trompé, en achettant un Bas fabriqué de Province indifferemment comme un Bas fabriqué de Paris. Cette interprétation du Reglement demandée par le Supliant, fait voir clairement combien le Sr Bodet a tort, lorsqu'au lieu de répondre pertinemment sur l'article 32. il ose dire qu'il ne connoît point de Fa- briquant qui employe de si mauvaise Soye que le Supliant : En effet, si les Bas de la fabrique du Supliant sont aussi mauvais que le disent les Répondans, son nom mis sur les Bas sur le Métier, les fera toûjours distinguer des autres Bas ; alors si le Public ne

trouve pas que les Bas de la fabrique du Supliant faſſent un bon uſage ſon établiſſement tombera de lui-même, & il ne lui reſtera que la confuſion d'avoir voulu tromper le Public. Cette obſervation ſimple & naturelle, doit engager les Maîtres & Gardes de la Bonneterie, à ſolliciter l'interprétation demandée par le Supliant ſur cet
article du Reglement.

ARTICLE XXXIII.

S'il n'eſt pas vrai, qu'ils aprouvent les Gardes qui étoient en Charge, lors de la ſaiſie faite ſur Cardonville, & nominativement les ſieurs Goblet & Bouthillier, de ce qu'ils ont pris lecture, par force, de ſes Livres journaux, copies de lettres miſſives, & autres papiers; & enſuite, de ce qu'il les ont fait mettre ſous les ſcellés, où ils ſont depuis plus de trois ans, ce qui prive, depuis ce tems-là, Cardonville de tous les ſecours néceſſaires pour faire ſon Commerce.

REPONSES.

GIRAUDY a répondu, que oüi.

BODET a dit, que oüi.

GODIER a répondu, qu'ils n'ont aucune connoiſſance, ſi les Gardes en Charge ont pris lecture entiere des Regiſtres dont eſt parlé en l'article, & qu'ils aprouvent d'avoir fait mettre ces Regiſtres ſous les ſcellés, parce qu'ils peuvent ſervir à prouver la contravention du Supliant.

REPLIQUE.

L'aveu des Répondans conſtate entierement la nullité de la ſaiſie; en effet, ſi les Jurez & Gardes des Communautez pouvoient, de leur ſimple autorité, prendre lecture des écritures des particuliers, ſous de prétenduës défectuoſitez qu'ils diroient trouver dans les Marchandiſes de ceux dont ils voudroient ſçavoir les affaires & découvrir tout le ſecret de leur commerce, que deviendroient les ſages dipoſitions de l'article 9. du titre 3. de l'Ordonnance de 1673. qui dit, que la repreſentation des Livres journaux ne pourra être demandée ni ordonnée en Juſtice qu'en cas de faillite, de banqueroute ou de partage de biens; par conſequent les Gardes-Bonnetiers n'ont pas pû, de leur ſimple autorité, prendre lecture des écritures du Supliant, & les faire mettre enſuite, de leur même autorité, ſous les ſcellez; ce qui prouve la nullité de la ſaiſie faite ſur le Supliant: car on ne prouvera pas qu'il eſt défendu à un Ouvrier privilegié de l'Hôpital de la Trinité, d'avoir dans le lieu où il eſt obligé de coucher, les Regiſtres, Lettres & autres Papiers qui concernent ſon commerce & ſa correſpondance; ſi on privoit les Ouvriers de l'Hôpital de la Trinité de cette faculté, on rendroit leurs Privileges inutiles.

ARTICLE XXXIV.

S'il n'eſt pas vrai, qu'ils n'ont trouvé d'ouvrages fabriquez, dans l'apartement de Cardonville, que cinquante-huit paires de Bas, dont plus de la moitié ſortoient de la teinture & aprêt, & que les autres y étoient, à l'effet de les faire coudre, teindre & aprêter, ainſi qu'il en a le droit, & qu'on ne peut lui ôter, ſans annéantir les Privileges de l'Hôpital de la Trinité.

REPONSES.

GIRAUDY a dit, n'avoir connoiſſance du contenu en l'article.

BODET a dit, ne rien ſçavoir du contenu en l'article, n'étant pas pour lors en Charge.

GODIER a répondu, que lon a trouvé tout ce qui eſt contenu au Procès-verbal de ſaiſie faite ſur le Sr de Cardonville; que ſa prétenduë qualité d'Ouvrier

de l'Inſtitution de la Trinité, ne lui donne pas le droit de travailler, ni faire le Commerce de la Bonneterie ailleurs que dans l'enclos de l'Hôpital de la Trinité.

REPLIQUE.

Si les Répondans avoient pû conſtater par leur réponſe qu'ils ont trouvé des Métiers à fabriquer des Bas chez le Supliant, ils n'auroient pas manqué de ſaiſir cette occaſion, pour lui imputer cette prétenduë contravention.

Les 58 paires de Bas mentionnez en l'article, & le Procez verbal de ſaiſie, ne juſtifient pas que le Supliant tienne ſa fabrique & faſſe ſon commerce ailleurs que dans l'Hôpital de la Trinité; conſéquemment ils ne peuvent conſtater aucun délit de la part du Supliant, ſoit du côté de ſa fabrique, ſoit du côté de ſon commerce, qui ont toûjours été renfermez dans l'enclos de l'Hôpital de la Trinité.

Les Trinitaires ont le droit de faire coudre, teindre & aprêter leurs Bas par tout où bon leur ſemble, & il eſt permis à tout le monde d'avoir chez eux des Soyes, de les facturer, même dans le cœur de Paris, ſans être ſujet à aucune repréhenſion; conſéquemment on ne peut pas faire un crime au Supliant de tranſporter les Bas qu'il fait fabriquer, de l'enclos de l'Hôpital de la Trinité, dans le lieu où il eſt obligé de coucher, pour les faire coudre, teindre & aprêter, pourvû qu'il ne les y vende pas; il y auroit encore bien moins de raiſon de lui faire un crime d'avoir dans le lieu où il eſt obligé de coucher, des Soyes, des Moulins & des Dévidoirs pour les préparer; d'autant plus même que ſon titre perſonnel de Marchand-Paſſementier à Paris, lui donne un droit pour faire ce genre de travail, qui eſt permis à tout le monde dans Paris; par conſequent jamais la ſaiſie n'a pû s'étendre ſur ſes Soyes ni ſur ſes Moulins; l'un & l'autre n'étant pas ſuſceptibles de défectuoſitez qui puiſſent en occaſionner la ſaiſie, ce qui fait voir & conſtate de plus en plus la nullité de la ſaiſie.

ARTICLE XXXV.

Pourquoi veulent-ils inſinuer à la Cour, que Cardonville tenoit un Magaſin très-conſidérable de Bas, dans ſon apartement du Fauxbourg S. Antoine, pour les y vendre, lorſqu'ils ont une pleine connoiſſance qu'il a toûjours été impoſſi-

REPONSES.

GIRAUDY a répondu, que le Procès-verbal de ſaiſie, conſtatera les faits contenus en l'article.

BODET a répondu, que la ſaiſie a été bien faite ſur Cardonville, dans ſon apartement du Fauxbourg S.

ble à Cardonville , ainſi qu'il lui eſt encore au-jourd'hui , de pouvoir ſatisfaire dans l'enclos de l'Hôpital de la Trinité , lieu de ſa Fabrique & de ſon Commerce, à l'empreſſement que le Public marque de plus en plus pour faire uſage des Bas de ſa Fabrique ; ce qui prouve évidemment, que le Public trouve un avantage en achetant chez Cardonville.

Antoine ; parce qu'il ne lui eſt pas permis de fabriquer ailleurs que dans l'enclos de l'Hôpital de la Trinité , aux termes des Réglemens.

GODIER

a répondu , que tout ce qui eſt prétendu de leur part, réſulte du Procès-verbal de ſaiſie faite ſur le ſieur de Cardonville , & des circonſtances de la Cauſe.

REPLIQUE.

L'impoſſibilité où ſont les Répondans de faire voir que le Supliant tenoit un Magaſin conſiderable de Bas hors l'enclos de l'Hôpital de la Trinité pour les y vendre, leur a fait prendre le parti de faire une réponſe vague , au lieu de répondre cathégoriquement ; en effet, s'ils pouvoient juſtifier que le Supliant à tenu ou tient un Magaſin de Bas dans ſon apartement du Fauxbourg Saint Antoine pour les y vendre ils n'auroient pas manqué cette occaſion pour le declarer , ce qui leur auroit fourni un moyen ſûr, pour faire voir que le Supliant a paſſé les bornes preſcrites par les Privileges de l'Hôpital de Trinité , que conſéquemment il en doit être déchû.

Les réflexions qui naiſſent de tout ce qui vient d'être expoſé ſous les yeux la Cour , méritent ſon attention ſinguliere.

1°. Les contradictions multipliées qui ſont répanduës dans la plûpart des réponſes des Maîtres & Gardes de la Bonneterie , l'affectation avec laquelle ils ont diſſimulé & détourné la verité , font penſer que s'il pouvoit y avoir lieu à la viſite , il ne ſeroit pas poſſible d'ajoûter foy au raport des Experts choiſis dans le corps de la Bonneterie , puiſque l'objet & l'interêt des Bonnetiers eſt viſiblement de perſécuter le Supliant.

2°. Il faut diſtinguer dans la ſaiſie des Gardes de la Bonneterie , les differens effets qui y ont été compris ; il ne peut jamais y avoir que les cinquante-huit paires de Bas qui ſoient ſuſceptibles d'être ſaiſies , ſous prétexte de contravention aux Reglemens ; les autres effets, tels que les uſtencilles propres pour préparer les Soyes , les Livres & Ecritures qui concernent le commerce & les affaires du Supliant, les Soyes graiſſes & les Soyes teintes qui ſe ſont trouvées dans ſon apartement , ne peuvent pas raiſonnablement être ſujettes à la ſaiſie ; par conſéquent, quand même il s'agiroit de faire la viſite des 58 paires de Bas, il ſeroit indiſpenſable de faire main-levée au Supliant du ſurplus des effets qui ont été injuſtement envelopés dans la ſaiſie.

3°. La viſite de ces 58 paires de Bas eſt d'autant plus inutile, que ſi la ſaiſie & apoſition de ſcellé ſur tous les effets du Supliant, Livres , Journaux, copies de Lettres miſſives & autres Papiers , ſont faites dans les regles, le Supliant ne pourra pas éviter ſa condamnation ; mais au contraire ſi cette ſaiſie & apoſition de ſcellez ſont faites , comme il n'y a pas lieu d'en douter, contre les diſpoſitions des Ordonnances & des Reglemens, ainſi que le Supliant l'a établi dans ſes Ecritures, les Gardes de la Bonneterie ne pourront pas éviter la peine qui eſt dûë à leur odieux procedé , contraire à toutes les loix d'équité. Dans l'un ou l'autre de ces deux cas , les faits & articles que le Supliant leur a fait ſignifier en premiere inſtance, qui ſont tenus confeſſez de leur part, faute d'avoir ſubi interrogatoire & la nomination des Experts , tombent d'eux-mêmes.

4°. Il s'agit ſeulement de la validité ou de l'invalidité de la ſaiſie : car s'il s'agiſſoit de la perfection ou de la défectuoſité des 58 paires de bas, on reconnoîtroit bien-tôt que ces Bas ſont auſſi parfaits que le ſont ceux des Marchands Bonnetiers les plus gens de bien. En effet peut-on deſirer une preuve moins ſuſpecte pour juſtifier que les ouvrages du Supliant ne ſont point défectueux, que le refus des ſieurs Nau, Goblet & Giroux, anciens Gardes de la Bonneterie & Experts nommez , d'accepter de proceder à la viſite de ſes ouvrages ? Ces Marchands Bonnetiers , gens d'honneur & de probité , n'ont point voulu tremper dans le complot formé de perdre le Supliant, & ils ont craint de déplaire à leur Communauté en rendant juſtice à la verité , en ſuivant le mouvement de leur conſcience.

5°. Il eſt ſurprenant que les Gardes de la Bonneterie accuſent le Supliant de ne pas ſe conformer aux Reglemens de la fabrique de Bas, lorſque l'uſage enſemble, le goût & le bien public, le progrez & la perfection de la Fabrique, forcent le Fabriquant à s'en écarter ; lorſque les Gardes eux-mêmes ne les ſuivent pas , & qu'ils ſouffrent que tous les autres Marchands Bonnetiers y contreviennent journellement, ainſi qu'il eſt prouvé avec évidence par les faits & articles , & notamment par les articles 7, 8, 13, 15 & 23, par les réponſes que les ſieurs Giraudy , Bodet & Godier ont faites ſur ces articles, & par les repliques que le Supliant a faites ſur ces réponſes.

6°. Les Gardes de la Bonneterie n'ont pas oſé juſqu'à preſent contredire juridiquement les veritez que le Supliant a avancées dans le premier Memoire imprimé, qu'il leur a fait ſignifier ; ils n'ont pas oſé non plus contredire l'établiſſement & le nouveau Reglement par lui propoſé dans une Lettre qu'il leur a écrite, qui eſt imprimée & jointe en l'Inſtance, avec un conſentement du Supliant, à l'effet de faire examiner ſes Bas ; ils ont declaré au contraire dans leurs réponſes ſur les faits & articles 26 & 27, qu'ils n'en avoient aucune connoiſſance : Enfin, pour mettre le comble à l'iniquité & à la mauvaiſe foy, & ſéduire tout à la fois, s'il étoit poſſible, la religion du Conſeil Royal du Commerce, & celle de l'auguſte Tribunal de la Cour ; ils font tous leurs efforts pour ternir la réputation du Supliant, ils ont fait diſtribuer dans le Public un Libéle imprimé, qui n'eſt parvenu à la connoiſſance du Supliant que par la voye publique : ce Libéle qui eſt produit en l'Inſtance pour demander ſa ſupreſſion, prouve évidemment que les Gardes de la Bonneterie n'ont pas répondu la verité ſur les faits & articles 26 & 27. il prouve avec la même évidence la neceſſité abſoluë qu'il y a d'interpréter quelques articles des Reglemens, ainſi que le Supliant l'a fait ſentir dans ſes repliques ſur les réponſes aux faits & articles 13, 15, 19, 21, 22, 23, 24, 30, 31 & 32.

7°. Le Supliant a toûjours eu la précaution d'attacher des étiquettes aux bas de ſa Fabrique, avant de les expoſer pour être vendus, afin que le Public en puiſſe connoître la qualité, le poids & le prix; ce qui remplit l'objet & l'eſprit des articles du Reglement qui fixent le poids des bas & la qualité des ſoyes, & ſupléa en même tems aux interprétations que ces articles du Reglement doivent avoir, pour prévenir les abus qui ſe peuvent commettre dans la Fabrique & le commerce de bas de ſoye; mais, comme le ſieur Godier, qui a répondu au nom du corps de la Bonneterie ſur les faits & articles, a dit, dans ſa réponſe ſur l'article 29, que cette précaution ne conduit à rien moins qu'à mettre le Public hors d'état d'être trompé, le Supliant ſe croit obligé de ſupplier très-humblement la Cour de vouloir bien obſerver qu'il n'a point perdu ſon objet de vûë, qui eſt de ſe rendre utile au public, & en particulier aux Marchands Bonnetiers Fabriquans de bas, indigens; en conſéquence, qu'il paſſe ſa déclaration aux Maîtres & Gardes de la Bonneterie : 1°. Qu'il continuera à payer aux Fabriquans qui travaillent & qui travailleront pour lui, l'augmentation de 5 ſ. de 10 ſ. de 15 ſ. & de 20 ſ. par paire de bas, pour la façon des bas qu'il fera fabriquer, ainſi qu'il a commencé à le payer au premier Avril 1736. 2°. Qu'à commencer de ce jour, il ſignera les étiquettes qu'il attache aux bas de ſa Fabrique, afin que l'on puiſſe y ajoûter foi. 3°. Qu'il ſe ſoûmet, en cas de délit de ſa part, à être & demeurer interdit pour toûjours de la Fabrique & du commerce de Bonneterie. 4°. Qu'il fournira de ſes marchandiſes à cinq pour cent de diminution du prix cotté ſur ſes étiquettes, à ceux des Marchands Bonnetiers qui voudront s'aſſujetir à vendre ſes marchandiſes ſous les étiquetes qu'il y aura attachées. 5°. Que ceux des Marchands Bonnetiers qui acheteront de ſes marchandiſes, auront la même faculté qu'a le Public; c'eſt-à-dire, d'examiner chez eux les marchandiſes qu'ils acheteront du Supliant, & ſi elles ne leur conviennent pas, de les lui rendre dans 24 heures, en retirant le montant qu'ils en auront payé.

Ces derniers arrangemens que le Supliant veut bien encore prendre, facilitent aux Maîtres & Gardes de la Bonneterie un nouveau moyen *très-ſimple*, *pour* examiner à fond ſa conduite. Leur intérêt perſonnel, leur honneur & le bien public demande & exige qu'ils ne négligent rien pour juſtifier des malverſations qu'ils prétendent que le Supliant pratique, & comment on pourroit tromper le Public ſous les aparences de la bonnefoy avec laquelle le Supliant fait ſon commerce. Il leur a fait voir ſon travail en préſence de Meſſieurs les Députez du Commerce; il leur a revélé, dans ſes écritures & dans ſes imprimez, tout le ſécret de ſon art & de ſon commerce : Sa conduite eſt manifeſtée; & il n'eſt pas embaraſſé de ſe juſtifier des prétenduës défectuoſitez que les Gardes de la Bonneterie voudroient lui opoſer.

La contravention reprochée au Supliant conſiſte-t-elle en ce qu'il avoit des effets, des marchandiſes, & ſes écritures hors l'enceinte de l'Hôpital de la Trinité, & qu'il étoit ſans droit & ſans qualité, pour exercer ſa Fabrique & ſon commerce dans le lieu où il étoit obligé de coucher. Cette prétention des Maîtres & Gardes péche dans le fait & dans le droit. Le Procès-verbal de ſaiſie ne conſtate aucun délit de la part du Supliant : il n'a point été trouvé fabriquant, ou faiſant fabriquer des bas; il n'a point été trouvé vendant des bas; il ne s'eſt point trouvé, dans ſon apartement, des métiers à fabriquer des bas. Ces faits inconteſtables prouvent que le Supliant eſt dans un état bien plus favorable que celui de Durier, Ouvrier Batteur d'Or, ſuivant l'Inſtitution de l'Hôpital de la Trinité, auquel la Cour a accordé main-levée des choſes ſaiſies ſur lui, dans le lieu où il couchoit, ainſi qu'il eſt prouvé par un procès-verbal de ſaiſie faite ſur Durier, & par un Arrêt de la Cour, qui ſont produits en l'Inſtance par Meſſieurs les Adminiſtrateurs de l'Hôpital de la Trinité; le procès-verbal conſtate une rébellion de la part de Durier, qui avoit des Ouvriers étrangers, travaillans chez lui, hors l'Hôpital de la Trinité, à des ouvrages altérez & contraires aux Reglemens : Cependant la Cour, ſans avoir égard aux contraventions conſtatées par ce Procès-verbal, a ordonné la main-levée des choſes ſaiſies, ſans en avoir ordonné la viſite.

9°. Les Maîtres & Gardes de la Bonneterie ont attendu juſqu'à préſent à déclarer les prétendus moyens qu'ils diſent avoir, pour faire valoir l'oppoſition qu'ils ont formé à l'Ordonnance obtenuë par le Supliant, aux fins de les faire interroger ſur faits & articles, & dont ils ont été déboutrez par la Sentence du 31 Août 1734, dont ils ſont appellans.

Ils diſent aujourd'hui que le Supliant a dû les faire aſſigner en nom collectif à leur Bureau. Le Supliant répond, que les aſſignations qu'il a fait donner ſont régulieres : Il pouvoit faire aſſigner les Maîtres & Gardes de la Bonneterie, ſoit en nom collectif à leur Bureau, ſoit ſéparément, en leur domicile particulier : Il a commencé par faire aſſigner, en leur domiciles, & en parlant à leurs perſonnes, les deux Gardes qui étoient en charge lors de la ſaiſie, & qui s'étoient emparez par force, de ſes livres & écritures, ainsi qu'il est tenu pour confessé & averé de leur part. L'apel téméraire des Maîtres & Gardes de la Bonneterie a suspendu totalement la suite de cette procédure, mais il n'a pas ôté le droit au Supliant de faire assigner personnellement, ou en nom collectif, les autres Gardes en charge. Ainsi, mal-à-propos, les Maîtres & Gardes de la Bonneterie veulent-ils tirer avantage de la prétenduë irrégularité d'une procédure, qui, si elle étoit irréguliere, auroit été occasionnée par eux-mêmes.

En cet état, n'est-il pas juste de délivrer le Supliant de l'oppression sous laquelle il gémit depuis plus de trois ans & demi. L'Instance est instruite respectivement. Les Gardes de la Bonneterie ne l'ont demandé en communication, que pour éluder encore, par de nouveaux délais, un Jugement qui ne peut leur être favorable, en employant toujours les mêmes moyens dans de nouveaux écrits, pour s'attirer des réponses qui puissent les autoriser à répliquer. Le Supliant qui a autant d'intérêt d'accéler le Jugement, qu'ils en ont à le retarder, consent de cesser d'écrire le premier, & se réduit à nier formellement, & à désavoüer tous les faits que ses parties adverses pourroient avancer dans leurs nouvelles écritures, & qui seroient contraires aux faits contenus dans les siennes; & comme ce seroit abuser de la patience des Juges, que de s'étendre davantage sur les moyens de droit; & que, d'ailleurs, la Cour, en cas de besoin, y supléera, par ses lumieres, le Supliant déclare, que son intention est de laisser juger immédiatement après la remise de l'Instance prise en communication par les parties adverses, sans faire signifier, de sa part, aucunes réponses, ni nouvelles écritures, à moins que la prudence des Juges n'ordonnât aux Parties de contester plus amplement, par rapport à quelques faits, sur lesquels leur Religion ne seroit pas suffisamment instruite.

Ce considere', NOSSEIGNEURS, il vous plaise permettre au Supliant de joindre à l'Instance, & produire, par production nouvelle, les procès-verbaux faits en l'Hôtel de Mr le Raporteur, les

ensemble les cinq bas dont il a été parlé aux inductions qu'il en a tirées par la présente Requête : Ordonner, que les Maîtres & Gardes du corps de la Bonneterie en auront communication, pour y répondre dans huy, attendu l'état de l'Instance : Ce faisant, procédant au Jugement de l'Instance, adjuger au Supliant les fins & conclusions qu'il y a prises; & où (ce que le Supliant n'estime pas) la Cour trouveroit quelque difficulté de prononcer dès-à-présent la main-levée diffinitive de la saisie faite à la Requête des Gardes de la Bonneterie, en ce qui concerne les cinquante-huit paires de bas trouvées dans l'apartement du Supliant, & que la Cour, pour instruire dautant mieux sa Religion, jugeât qu'il fût nécessaire, que ces cinquante-huit paires de bas fussent visitées, en ce cas, faire main-levée pure & simple des autres effets saisis sur le Supliant : Ordonner, que les ustancilles, soyes, livres & Registres du Supliant lui seront rendus, à ce faire, tous Gardiens, Dépositaires contraints par toutes voyes, même par corps; quoi faisant, déchargez : Comme aussi, ordonner, que la visite des 58 paires de bas sera faite par les Experts dénommez dans la Sentence de Police dont est apel, & que les faits & articles mentionnez dans ladite Sentence, & qui ont été signifiées aux Srs Goblet & Bouthillier, anciens Gardes de la Bonneterie, seront tenus pour confessez & avérez, faute par eux d'avoir subi l'Interrogatoire, & attendû la nécessité de faire exécuter l'article XXVI de la Déclaration du Roi du 18 Février 1720, enregistrée en la Cour le neuviéme Mars suivant, & d'interpréter plusieurs autres articles des Reglemens au sujet de la Fabrique & du commerce de bas de soye; ordonner que l'article XXVI de la Déclaration du Roi du 18 Février 1720 sera executé, & en interprétation d'icelui, que les Maîtres Fabriquans de Paris seront tenus & obligez, sous les peines y portées, de marquer leurs ouvrages sur le métier en mailles portées, de leur nom, & de celui de la Ville dans laquelle ils font leur demeures; & que les Parties seront tenuës de se retirer pardevers Sa Majesté, pour leur être pourvû à l'interprétation des articles du Reglement dont le bien public, ensemble le progrès & la perfection de la Fabrique de bas de soye demande la réformation, & jusqu'à ce, faire défense aux Maîtres & Gardes de la Bonneterie d'inquiéter le Supliant par voye de saisie, ou autrement, sous prétexte de contraventions ausdits articles du Reglement concernant la qualité des soyes & le poids des bas au métier, à peine, par les Gardes lors en charge, de répondre en leur nom & solidairement des pertes, dépens, dommages & intérêts du Supliant, aux offres par lui de signer dorénavant les étiquettes qu'il attache aux bas de sa Fabrique, se soûmettant, en cas de délit de sa part, à être & demeurer interdit pour toûjours de la Fabrique & du commerce de Bonneterie; & condamner les Gardes de la Bonneterie aux dépens sur les demandes portées par la présente Requête, apointer les Parties en droit & joint; donner acte au Supliant de ce que, pour écritures & production sur icelle, il employe la présente Requête, ce qu'il a écrit & produit en l'Instance, notamment son Mémoire signifié & imprimé, la Lettre qu'il a écrite aux Maitres & Gardes de la Bonneterie, le consentement qui se trouve au-bas de cette Lettre imprimée, & ce qu'il plaira à la Cour supléer de droit : Et vous ferez bien.

Monsieur DE LA GUILLAUMYE, Raporteur.

MIGER.

De l'Imprimerie de Moreau.

MARTIN J.

www.ingramcontent.com/pod-product-compliance
Lightning Source LLC
LaVergne TN
LVHW051139060726
842526LV00006B/2132